Collection

souris noire

dirigée par
François Guérif

L'auteur

Béatrice Nicodème est née à Nîmes en 1951, dans la région parisienne, où elle habite toujours. Elle a longtemps été maquettiste de magazines pour la jeunesse, tout en occupant une grande partie de ses loisirs à écrire : des histoires pour les enfants et des romans policiers pour les adultes. Elle se consacre maintenant totalement à l'écriture, ce qui lui donne, dit-elle, l'impression d'être tout le temps en vacances ! Quand elle n'écrit pas, elle lit, fait de la musique ou se promène dans la nature... pour réfléchir aux prochaines histoires qu'elle va raconter.

Du même auteur

• *Wiggins et la ligne chocolat*
Syros/Souris noire

• *Un rival pour Sherlock Holmes*

• *Chapeau Agathe !*
Hachette jeunesse

• *Meurtres par écrit*

• *Défi à Sherlock Holmes*

• *Faux frère*
Fleuve noir

Béatrice Nicodème

Wiggins et le perroquet muet

Illustration de couverture
Jacques Ferrandez

souris noire

SYROS
jeunesse

Catalogage Électre-Bibliographie
Nicodème, Béatrice
Wiggins et le perroquet muet. – Nouv. éd. – Paris : Syros, 1997. – (poche Souris noire ; 12)
ISBN 2-84146-496-2
Dewey : 811.5 : Albums et fiction. Romans. Aventures et voyages
Public concerné : Bons lecteurs (à partir de 9 ans)

Introduction

Cette aventure se déroule à Londres en 1889. L'Angleterre vivait alors sous le règne de la reine Victoria, qui gouverna le pays pendant soixante-quatre ans, de 1837 à 1901.

Ce fut pour l'Empire britannique une époque de prospérité économique et d'expansion, pendant laquelle les sciences et les techniques progressèrent à grands pas. Durant cette période, les chandelles et les lampes à pétrole furent remplacées d'abord par l'éclairage au gaz, puis par l'électricité. La bicyclette se développa à partir de 1888, en attendant l'industrie automobile qui devait prendre son essor dans les dix dernières années du siècle. La photographie apparut en 1840 et le phonographe aux alentours de 1889.

Mais il ne faut pas imaginer Londres comme une ville d'aujourd'hui ! On y circulait en fiacre. Les hommes, portant en général la barbe ou les favoris, étaient vêtus de redingotes et coiffés de chapeaux hauts de forme lorsqu'ils se rendaient à un dîner élégant. Les femmes portaient des robes longues s'évasant largement à partir de la taille. La mode, pour ces dernières, était aux petits chapeaux, souvent ornés de fleurs ou d'oiseaux, et aux bottines à petits talons (ce n'est qu'à partir de 1885 qu'on commença à différencier la forme d'une chaussure droite de celle d'une chaussure gauche !).

L'Angleterre était riche mais tous les Anglais ne l'étaient pas, loin de là... La partie est de Londres, ou East End, vivait dans la misère. Mal logés, mal nourris, au chômage ou travaillant jusqu'à l'épuisement pour de maigres salaires, ceux qui avaient la malchance de naître dans une famille pauvre avaient peu d'espoir de s'en sortir.

C'est à Whitechapel, quartier de l'East End, qu'est né notre héros, Wiggins. Le personnage a été créé par Arthur Conan Doyle, le « père » de Sherlock Holmes. Gamin astucieux et courageux, il apparaît dans deux des aventures du célèbre détective : *Une étude en rouge* et *Le signe des quatre*, à l'occasion desquelles il fournit une aide précieuse dans la recherche des criminels. N'était-il pas injuste qu'il reste éternellement dans l'ombre de Sherlock Holmes ?

Cette injustice est aujourd'hui réparée.

Plan de Londres

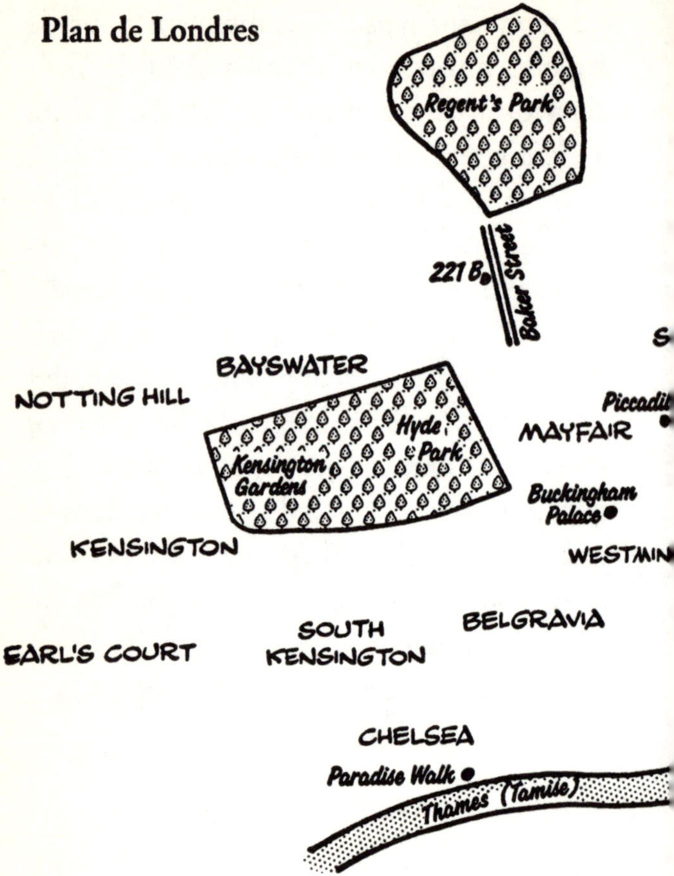

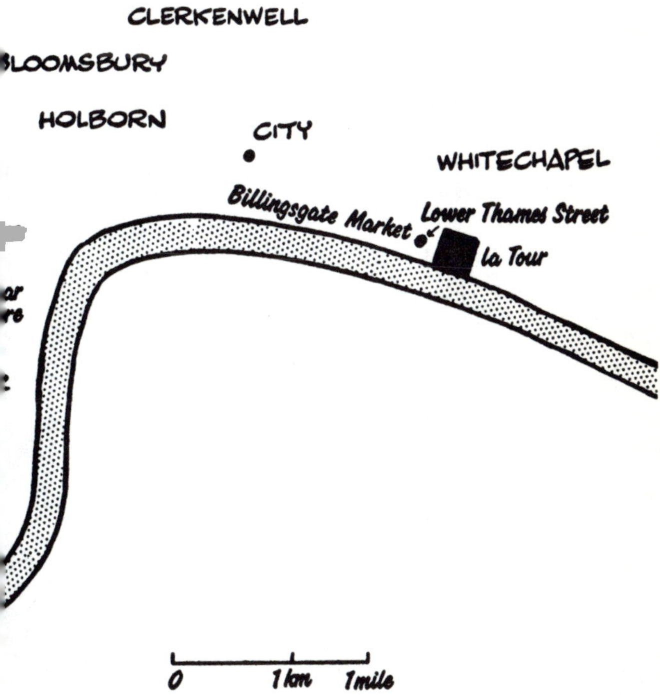
CLERKENWELL
BLOOMSBURY
HOLBORN
CITY
WHITECHAPEL
Billingsgate Market
Lower Thames Street
la Tour
0
1 km
1 mile

1

Ça fait plusieurs années que M. Sherlock Holmes fait appel à mes services régulièrement. C'est plutôt drôle d'ailleurs, de dire *régulièrement*, parce que moi et ma bande, on s'appelle *Les Irréguliers de Baker Street*... Et c'est moi qui dirige toutes les opérations.

On n'est pas toujours bien vus là où on passe : toujours à fouiner pour découvrir ce qu'il ne faut pas, plus rapides que les lévriers des courses de riches et puis, il faut bien dire, pas toujours très propres. J'ai lu *Une étude en rouge*, dans laquelle le docteur Watson a raconté les exploits de son ami : il a bien été obligé de parler de nous, parce qu'il est honnête, pour un docteur, mais il nous a habillés pour l'hiver, si j'ose dire : *les plus sales et les plus déguenillés que j'eusse jamais vus* (quand même, il écrit bien, le docteur Watson)... *les six petits drôles se mirent en rang comme autant de statuettes minables*... N'empêche ! Sans nous, Jefferson Hope courrait toujours !

Mais tout ça n'est pas grave.

Quand le grand détective me convoque, je vois bien dans ses yeux que mes frusques minables et mes cheveux pleins de poussière ne lui font ni chaud ni froid : il sait que je suis de la même race que lui. Et lui, c'est l'homme le plus intelligent qui ait jamais existé. Par exemple, dès que j'entre dans son salon, il peut me dire d'où je viens, rien qu'à voir la couleur de la boue qui est collée à mes chaussures.

D'accord, c'est élémentaire, mais à toutes les autres grandes personnes je n'arrête pas de raconter n'importe quoi pour m'amuser et elles n'y voient que du feu... Tandis que M. Sherlock Holmes... N'empêche qu'un jour, je l'ai bien eu, lui aussi !

J'avais reçu un télégramme. *Urgence au 221B. Entre 4 et 6 p.m.* À quatre heures pile je frappe à la porte du détective, 221B Baker Street. Mme Hudson, comme d'habitude, me fait entrer avec l'air aussi horrifié que si elle voyait la tour de Londres se balader dans la rue. Pauvre femme ! Son locataire doit lui en faire voir de drôles !

Bref, je monte l'escalier, et j'ai à peine posé les pieds sur le palier que la porte s'ouvre. Le grand homme me fait entrer. Et là, je lui dis tout à trac : « Vous êtes sur une affaire difficile, et il s'agit d'une femme. Une femme petite et distraite qui n'habite pas à Londres... »

Vous auriez vu ses yeux ! J'ai tout de suite compris que je lui en avais bouché un coin. Je ne lui ai pas dit que la cafetière posée sur la table et la pipe de bruyère encore chaude m'avaient montré qu'il venait de réfléchir longtemps et très fort. Quant à la femme petite, distraite et vivant en province, c'était facile à deviner : la dame en question avait oublié son gant, un gant minuscule, et une carte du Sussex était à moitié dépliée sur la table.

En tout cas, depuis ce jour-là, M. Sherlock Holmes a eu de plus en plus souvent recours à moi, et il ne l'a pas regretté : chaque fois qu'il m'a confié une mission, je l'ai accomplie avec succès. Grâce à moi, il a confondu des tas de criminels.

Et il sait être généreux, M. Sherlock Holmes. Maintenant, j'ai seize ans, et je ne me balade plus avec mon éternel manteau mité et mes chaussures trouées. Je les ai gardés, parce qu'il y a des endroits à Londres où il vaut mieux passer inaperçu, mais j'ai aussi un haut-de-forme pour me déguiser en cocher, une ou deux cravates, et même un Macfarlane presque aussi élégant que celui du détective. Avec ça, je peux entrer partout. Et puis, j'ai acheté un boa et des bottines à lacets pour maman, et ça, ça a été le plus beau jour de ma vie.

Maman vend du poisson au Billingsgate Market[1]. Son patron est une espèce de gros porc avec des yeux noyés dans la graisse comme les raisins d'un *Christmas pudding*[2]. Il lui donne les corvées les plus pénibles. Elle se lève à cinq heures du matin, même en hiver, et travaille sans arrêt dans une boutique à peine éclairée.

1. Marché au poisson.

2. Gâteau traditionnel qu'on prépare dans toutes les familles anglaises plusieurs semaines avant Noël.

Le Billingsgate Market, c'est assez amusant à voir quand on n'est pas obligé d'y travailler. Ça sent la mer au point que c'en est écœurant, les vendeurs parlent un argot auquel on ne comprend rien si on n'est pas né dans les parages, et il y a une animation incroyable : des camelots et des porteurs qui courent dans tous les sens, tout ça sur des pavés tout gluants où on manque tout le temps de dégringoler...

Un peu plus loin, il y a des appontements, tout un enchevêtrement de passerelles et de ponts disposés un peu dans tous les sens où accostent les bateaux de pêcheurs. Quand j'étais petit, j'allais tout le temps traîner par là, et maman mourait de peur que je tombe à l'eau ! Plus loin encore, on aperçoit les grands navires et les remorqueurs qui me font un peu rêver. Un jour, peut-être, j'aurai à démêler une affaire d'espionnage sur un de ces bateaux de conte de fées.

Pour en revenir à maman, quand elle rentre le soir, épuisée, elle répare des chaises tard dans la nuit. Je me demande quand elle dort...

On habite à Whitechapel[3], dans une petite rue qui donne dans Commercial Road. Pour ceux qui ne connaissent pas ce coin de Londres, je dirais que c'est le plus pittoresque. On y trouve les gens les plus invraisemblables qui puissent exister, venus d'un peu tous les pays et habillés de toutes sortes de vêtements sans forme ni couleur. Pour quelqu'un qui n'est pas habitué, il y en a même qui doivent faire peur, mais moi je connais tout le monde.

Le samedi soir, il y a une espèce de marché ouvert où on vend de tout, des lapins vivants aux chaussures dépareillées. Avec maman, on y va quelquefois quand on a le cafard, et

3. Quartier pauvre et mal famé situé à l'est de Londres.

maman se paye un vin chaud quand elle a pu économiser un peu pendant la semaine. Mais ça, c'est très rare.

On a une toute petite chambre pour nous deux. Mal chauffée, avec une fenêtre qui ferme mal, mais au moins on est ensemble... J'avais un petit frère : le pauvre est mort de la grippe un hiver où il a fait très froid. Si on avait pu acheter du bois, peut-être qu'il ne serait pas mort. Mais à l'époque, j'avais six ou sept ans, je ne connaissais pas Sherlock Holmes et on était encore plus pauvres que maintenant. Mon père, lui, je ne l'ai jamais connu. Maman m'a dit qu'il était marin, et qu'il avait fait naufrage juste avant la naissance de mon frère.

Bon, je ne vais pas m'étendre trop longtemps. C'est comme si le docteur Watson, quand il raconte ses aventures, se lamentait sur ses souffrances pendant la guerre, sur son frère qui n'est pas très recommandable, ou sur sa femme qui est morte l'an dernier. Ça n'intéresse personne. L'aventure que je vais raconter maintenant est beaucoup plus passionnante. Après tout, c'est le début de ma carrière de détective !

2

Tout a commencé le 1er février 1889. Il faisait un froid de loup. Une nuit, la température était tellement descendue que tout avait gelé. L'avantage, c'est que le marché au poisson sentait un peu moins mauvais.

Mais pour maman c'était terrible, elle avait les mains couvertes d'engelures à force de couper les têtes des poissons plus froids que des icebergs.

On dormait pliés en huit pour essayer de conserver la chaleur animale et, le matin, il fallait casser la glace dans la cuvette pour se laver. Inutile de dire que la toilette était vite expédiée ! Dans les rues, c'était pire que tout : on manquait tout le temps de glisser sur le verglas, il y avait des fiacres qui se renversaient. Quant à moi, je vendais mes journaux en courant pour ne pas être transformé en statue de Peter Pan.

Vendeur de journaux, c'est mon métier, enfin ça l'était jusqu'à ce que je décide de devenir détective. Ce n'est pas de tout repos, parce qu'il faut en vendre le plus possible si on veut gagner un peu d'argent... De temps en temps, je m'amuse à crier des nouvelles sensationnelles pour attirer les clients (des nouvelles inventées, bien sûr !). Après, il n'y a plus qu'à détaler avant qu'ils s'aperçoivent qu'ils se sont fait rouler !

Alors, quand un commissionnaire m'a apporté un message de M. Sherlock Holmes me demandant de venir à Baker Street toutes affaires cessantes – ils ont de ces expressions, les gens de la haute ! –, je me suis dit qu'au moins j'allais passer un petit moment dans son salon où il y aurait un bon feu de bois et que, si j'arrivais assez pâle et l'air au bout du rouleau, j'aurais même peut-être droit à un cognac.

Pour le cognac j'ai dû faire tintin. Le détective n'a sans doute pas osé devant le docteur Watson qui est parfois un peu strict. Mais j'ai eu droit à un thé bouillant avec une lichette de rhum, et un feu d'enfer brûlait dans la cheminée. Et puis au moins on y voyait clair : au 221B Baker Street, on s'éclaire au gaz, pas à la bougie !

Le salon de M. Sherlock Holmes, je crois qu'il ne changera jamais, même quand le détective aura passé l'arme à gauche. Le canapé confortable, la peau d'ours devant la cheminée, la babouche pour ranger le tabac, le violon, les éprouvettes avec des liquides de toutes les couleurs dans un coin...

En sept ans, je n'ai pas dû passer beaucoup de temps dans cette pièce, mais je m'en souviendrai toute ma vie, comme si c'était là que j'étais né... D'ailleurs, c'est un peu vrai : c'est là qu'est née ma vocation.

Ils étaient donc là tous les deux, M. Sherlock Holmes et le docteur Watson. Le détective était en robe de chambre. Il était assis près du feu, en face de moi, et il regardait en l'air, ou au loin, je ne sais pas où. Il avait les mains jointes, un peu comme s'il priait, et il parlait lentement :

– Prêt pour une nouvelle aventure, Wiggins ?

Ce n'était même pas la peine de répondre, il me connaissait ! D'ailleurs, il n'a pas attendu pour continuer.

– Vous n'avez peut-être pas entendu parler de Violet Juniper, Wiggins ? C'est une danseuse de cabaret assez connue. Elle a passé quelques mois à Paris, où elle a dansé aux Folies-Bergère.

Je ne sais pas comment fait M. Sherlock Holmes, mais tout ce qu'il touche se transforme en roman. Le nom, déjà, Violet Juniper... Les Folies-Bergère... J'en oubliais de boire mon thé.

– La pauvre petite a été étranglée.

Les romans, avec M. Sherlock Holmes, sont plutôt du genre noir. Mais moi qui avais vécu depuis le mois d'août dans la terreur que Jack l'Éventreur ne vienne assassiner maman pendant la nuit, je n'étais pas à ça près[4] !

4. « Jack l'Éventreur » assassina six femmes entre le mois d'août et le mois de novembre 1888, dans le quartier de Whitechapel. Son identité ne fut jamais découverte bien que tout ait été mis en œuvre dans ce but. On eut même recours aux services d'un voyant, un dénommé Lees, qui était très apprécié de la reine Victoria. Il affirma connaître l'identité de Jack l'Éventreur, mais ne la dévoila jamais.

3

« L'inspecteur Lestrade m'a demandé de l'aider à trouver l'assassin. Cet imbécile y perd son latin, comme d'habitude. Je ne demanderais pas mieux que de lui rendre service...

Malheureusement, je suis à la recherche d'un diadème disparu, sans compter une autre enquête beaucoup plus confidentielle dont m'a chargé le Premier ministre... J'ai pu cependant me rendre sur les lieux du crime, dans Paradise Walk, et j'y ai fait quelques constatations intéressantes. Là où Lestrade n'avait rien vu, j'ai découvert des traces de pas. Plus exactement, les traces d'*un* pas. De petites traces circulaires d'un diamètre d'un pouce environ. Qu'en pensez-vous, Wiggins ? »

C'était bien la première fois que M. Sherlock Holmes me demandait mon avis, et j'étais aussi affolé que si la reine Victoria en personne m'avait adressé la parole. Je ne sais pas comment j'ai trouvé le courage d'articuler :

– La trace d'une canne, peut-être ?

M. Sherlock Holmes s'est tourné vers son ami le docteur Watson et est parti d'un grand éclat de rire. Je ne savais pas trop s'il se moquait de moi, et le docteur Watson n'avait pas l'air très fixé non plus. Mais le détective m'a rassuré :

– Bravo, Wiggins ! C'est admirable ! Remarquablement proche de la vérité ! Cependant, étant donné le diamètre de l'empreinte, je pencherais plutôt pour une jambe de bois, d'autant qu'une canne laisse rarement une marque aussi profonde dans un plancher... Mais j'ai trouvé mieux encore ! Au grand dam de Lestrade qui me regardait d'un air horrifié, je me suis mis à quatre pattes et j'ai reniflé ces traces. Elles sentaient indubitablement le poisson ! Et maintenant, Wiggins, vous comprenez pourquoi je vous ai fait venir...

– Pour m'envoyer à la recherche d'un homme à la jambe de bois qui fréquente le Billingsgate Market ?

– Exactement ! Contentez-vous de le repérer et de découvrir où il habite : je me charge du reste. Pensez-vous pouvoir vous débrouiller seul, ou aurez-vous besoin de vos *Irréguliers* ?

Il y avait quelques mois que je ne voyais plus trop mes copains. J'avais comme la vague intuition que pour devenir quelqu'un il valait mieux travailler seul. C'est ce que j'ai expliqué à ma façon au détective. Il m'a donné une avance de quelques shillings et je les ai quittés, lui et son ami le docteur, avec l'impression que le plancher n'était pas tout à fait horizontal. Le rhum, sans doute ?

Cela venait peut-être aussi de l'idée qui m'avait frappé, comme ça, sans raison. J'avais réalisé d'un seul coup que j'allais quitter ce salon confortable pour retourner vendre mes journaux dans l'air humide et glacé, avant de dévorer un ou deux harengs et de m'assoupir en grelottant dans une pièce pleine de courants d'air. Encore quelques années de ce régime et je finirais dans une *workhouse* [5], et

5. Les *workhouses* étaient des asiles où on admettait les pauvres en échange d'un travail souvent pénible (casser des pierres, faire de l'étoupe...). Ils étaient bien tenus, mais les femmes, les hommes et les enfants y étaient séparés, et les pauvres n'avaient guère envie d'y entrer car ils avaient l'impression d'y perdre leur liberté.

maman dans un hospice. Si je voulais devenir comme l'homme au profil d'aigle et aux yeux de lynx qui se tenait devant moi, il était temps de réaliser un exploit... en retrouvant tout seul le meurtrier de Violet Jennifer.

J'ai donc dévalé l'escalier et, deux secondes et demie après avoir ouvert la porte qui donne dans la rue, je l'ai claquée en faisant autant de bruit que possible. J'ai tendu l'oreille : Mme Hudson, qui était dans l'escalier de la cave, soupirait et grommelait mais, à l'étage, il n'y avait pas le moindre craquement de plancher. M. Sherlock Holmes était resté dans son fauteuil : il ne verrait pas que je n'avais pas quitté le 221B. C'était un bon début, car pour tromper le grand homme il fallait se lever de bonne heure.

Mais je n'étais pas sorti de l'auberge : maintenant, il fallait remonter me poster derrière la porte. Aussitôt décidé, aussitôt fait. Heureusement, j'étais habitué à me rendre pour ainsi dire invisible et silencieux...

Je ne m'étais pas trompé : maintenant que j'étais parti – ou censé l'être –, le docteur Watson bombardait son ami de questions. C'était formidable, c'était exactement celles que j'aurais voulu poser, on aurait dit que je les lui dictais à travers la porte ! Et M. Sherlock Holmes répondait ! Il avait bien de temps en temps la voix de quelqu'un qui va s'impatienter, mais il répondait quand même ! Il donnait plein de détails sur la mort de Violet Juniper. Puis il est passé à un autre sujet et, juste à ce moment-là, j'ai entendu souffler au rez-de-chaussée, on aurait dit qu'il y avait un gros animal dans l'entrée.

C'était Mme Hudson qui sortait de la cave... et tout à coup elle a entrepris de monter l'escalier ! Si elle me voyait là, écoutant aux portes, ça allait être ma fête !

Je ne sais pas ce qui s'est passé alors dans sa vieille tête d'Écossaise, mais finalement elle est redescendue chez elle. J'avais eu chaud ! D'ailleurs, j'en savais assez, et j'ai filé à la française[6] – pour de bon, cette fois.

6. En anglais : *I took french leave,* l'équivalent de notre expression française : *filer à l'anglaise* !

4

Bien sûr, je m'étais engagé vis-à-vis de M. Sherlock Holmes, et la première chose à faire était de chercher l'homme à la jambe de bois. Ce genre d'individu est facile à repérer. N'importe qui pouvait le faire à ma place.

Pas tout à fait n'importe qui, quand même : il s'agissait d'une opération confidentielle... J'ai réfléchi que la seule personne en qui je pouvais avoir vraiment confiance, c'était maman. En plus, elle connaissait le Billingsgate Market comme sa poche. J'ai donc couru d'une seule traite de Baker Street à la boutique où travaillait maman, ce qui faisait sûrement plus de trois *miles*[7].

Ensuite il a fallu attendre que le patron à la face de pudding sorte du magasin avant de pouvoir expliquer en vitesse à maman de quoi il retournait. La pauvre était un peu affolée, mais elle m'a promis d'ouvrir grand les yeux et de questionner ses copines.

Quand je lui ai dit que si elle retrouvait l'homme à la jambe de bois j'aurais peut-être de quoi lui offrir une paire de gants, elle s'est mise à mélanger les soles de Douvres et les saumons d'Écosse, et j'ai détalé comme un

7. Environ cinq kilomètres (1 mile = 1 609 m).

lapin pour ne pas entendre les injures du patron qui était revenu. J'étais libre maintenant de mener mon enquête. Et j'avais ma petite idée.

Heureusement que j'étais habitué à marcher, car Chelsea[8] se trouve à près de cinq miles du Billingsgate Market, et il faisait toujours aussi froid. J'aurais bien volé un vélo, mais ce n'était pas le moment de me faire arrêter par un agent de police !

Je décidai d'aller à Paradise Walk en longeant la Tamise. Plus on allait vers l'ouest, plus le paysage était joli. Les branches des arbres avaient l'air d'être en sucre d'orge – du sucre d'orge, j'en ai vu une fois dans la vitrine de chez *Fortnum & Mason* –, et le fleuve avait une couleur un peu bizarre, comme dans les rêves. C'était vraiment très beau, à condition d'oublier que l'eau était pleine de cadavres[9].

---

8. Quartier de Londres habité essentiellement par des artistes.

9. À la fin du siècle dernier, on repêchait chaque semaine plusieurs cadavres dans la Tamise.

Chaque fois que je regardais la Tamise, je ne pouvais pas m'empêcher de penser à tous ces gens qui se baladaient avec les poissons, et quand j'allais voir maman au marché j'avais toujours peur de trouver un bras ou un orteil au milieu de ceux qu'elle vendait. Comme dit maman, j'ai toujours eu trop d'imagination. En tout cas, pour le moment, je ne savais pas trop qui il fallait plaindre le plus : les noyés de la Tamise, ou Violet Juniper qui s'était fait étrangler.

Avant d'être la victime de l'homme à la jambe de bois, elle avait dû avoir plutôt de la chance, en tout cas. La rue où elle habitait ne sentait ni le poisson, ni la bière, ni les égouts.

Et ses voisins étaient des gens normaux, pas des mastodontes avec des têtes de Christmas pudding. Ils répondaient gentiment quand on leur posait des questions – il faut dire que, à force d'observer M. Sherlock Holmes, j'avais fini par apprendre à parler aux gens de la haute –, et il ne m'a pas fallu longtemps pour savoir où habitait Violet Juniper. Ou plutôt où elle avait habité, la pauvre...

Sa logeuse était une femme aux cheveux couleur de *jelly*[10] à l'abricot. Elle s'appelait Mme Kelly, était irlandaise, et beaucoup plus bavarde que Mme Hudson, ou alors je lui avais tapé dans l'œil : je n'avais même pas besoin de lui répondre, elle redémarrait toute seule et elle n'en finissait pas de me raconter la vie de Violet Juniper, à quelle heure elle se levait et combien elle avait de robes, le plat qu'elle préférait et quel jour elle allait chez le coiffeur, qu'elle était frileuse et que pourtant elle ne supportait pas les écharpes autour du cou et que c'était sans doute « prémonitoire ». « Pauvre petite ! Une jeune fille si sérieuse ! Même pas de petit ami ! Jamais de visite ! Qui aurait pu croire ?... »

10. Sorte de gelée aux fruits qui entre notamment dans la composition de la *jelly trifle*, dessert typiquement anglais constitué d'un mélange de biscuit imbibé de liqueur, de *jelly* et de crème anglaise.

M. Sherlock Holmes m'avait appris que les détails les plus « insignifiants », comme il disait, étaient parfois les plus importants. N'empêche que Mme Kelly commençait à me fatiguer. J'ai essayé de la relancer sur le crime et sur l'enquête.

Mme Kelly ressemblait à une boule de billard : il suffisait de lui donner un petit coup et elle rebondissait dans tous les sens à toute vitesse, et il n'y avait plus moyen de la rattraper. Au lieu de me raconter ce qui s'était passé lorsque l'inspecteur Lestrade était venu avec M. Sherlock Holmes, elle s'est mise à me décrire le grand détective en long et en large. Comme si je ne le connaissais pas mieux qu'elle ! Je n'en pouvais plus, surtout que cela se passait sur le pas de la porte, et que mes pieds commençaient à ressembler à des daurades prises par les glaces, et mes mains... Je ne savais pas à quoi elles ressemblaient, pour la bonne raison que je ne les sentais plus.

Je n'avais rien mangé depuis mon croûton de pain du petit déjeuner, et je commençais à voir Mme Kelly à travers un nuage, un peu comme quand Londres disparaît dans le brouillard. Je crois que j'étais sur le point de tomber dans les *Granny Smith*, autrement dit dans les pommes. Mais à ce moment-là, à travers l'ouate qui m'entourait, j'ai entendu quelque chose qui m'a semblé tout à coup très important.

– Je n'en ai pas dormi de la nuit, après que ce monsieur de la police est venu ici avec le détective. Ils m'avaient fait promettre de ne rien leur cacher. Comme si ça avait pu me venir à l'esprit ! J'ai trop envie qu'on attrape ce salopard d'étrangleur !... Mais voilà, ma mémoire me fait parfois défaut. C'est seulement au moment de m'endormir que ça m'est revenu : quand on avait découvert le cadavre, mon mari et moi, Loulou n'était pas là !

Qui était Loulou ? Quelqu'un de suspect, forcément. J'étais certainement sur le point d'apprendre un détail capital, que je serais le seul à connaître puisque Mme Kelly n'en avait encore parlé à personne ! Cette idée me réchauffait déjà le bout des pieds.

– Qui est Loulou ? demandai-je à la logeuse.

– Loulou ? Mais le perroquet, bien sûr !

Un perroquet... Voilà qui était intéressant ! Les perroquets, ça parle, et ça répète ce que ça entend. Si on avait fait disparaître le perroquet, c'était sûrement parce qu'on avait peur qu'il en dise trop... Il n'y avait plus qu'à retrouver l'oiseau et il me donnerait le nom de l'assassin. J'étais peut-être un peu optimiste, mais en tout cas je n'avais plus froid du tout.

Et puis tout à coup j'ai eu à nouveau les pieds comme des *ice creams*. Parce que Mme Kelly ajoutait :

– Un magnifique perroquet jaune et vert qu'on lui avait offert un ou deux jours avant sa mort. Elle en était folle... Malheureusement, il ne lui a pas porté chance. À croire que c'est lui qui l'a étranglée. Enfin, façon de dire. Parce que je ne vois pas comment un perroquet empaillé pourrait tuer quelqu'un !

– Empaillé ?

– Eh oui ! Il y en a qui ont de drôles de goûts. Il paraît que c'est la grande mode : les animaux empaillés, les boîtes en coquillages, les albums de photos... Comment voulez-vous faire le ménage correctement avec tous ces trucs qui traînent sur les meubles ? Des nids à poussière, je vous dis !

Cette fois, j'étais vraiment trop gelé, je n'avais plus la force d'écouter les discours de Mme Kelly. De toute façon, ce n'était pas un perroquet empaillé qui me donnerait le nom de l'assassin. J'ai planté la pauvre femme au milieu d'une phrase et j'ai repris le chemin de la maison, furieux d'avoir perdu mon temps.

5

À près avoir vendu les journaux du soir – pas beaucoup, évidemment : par ce froid les gens restaient chez eux –, je suis rentré à la maison et j'ai préparé le dîner pour le retour de maman – un ragoût de pommes de terre aux pommes de terre.

Peut-être après tout aurait-elle retrouvé l'homme à la jambe de bois ?

Elle l'avait retrouvé ! Mais c'était décidément le jour des faux espoirs. En réalité, elle ne l'avait pas vu en personne, mais elle avait parlé à ses copines, et l'une d'elles le connaissait très bien.

Seulement le pauvre homme avait eu une crise cardiaque la veille. Le remords, sans doute. En tout cas, pour ce qui était de lui faire avouer son crime, M. Sherlock Holmes pouvait toujours aller se rhabiller, et moi avec.

Un peu plus tard, dans la soirée, en s'escrimant sur une chaise qui perdait toute sa paille, maman m'a dit :

– Contrairement à ce qu'on a dit, je suis sûre que Jack l'Éventreur n'est pas mort. Et je me demande s'il n'aurait pas une nouvelle crise de folie meurtrière.

– Ça m'étonnerait, lui ai-je répondu. Il y

a trois mois qu'il n'a tué personne. Qu'est-ce qui te fait dire ça ?

– L'homme à la jambe de bois.

– Ah ?

Ça devenait intéressant. Maman avait peut-être encore des « révélations » à me faire, pour parler comme M. Sherlock Holmes. Elle s'est expliquée :

– Ben oui : en réalité, il n'est pas vraiment mort d'une crise cardiaque, l'homme à la jambe de bois.

Je m'en doutais bien un peu, mais je ne voulais pas inquiéter maman avec mes enquêtes. J'ai donc pris l'air innocent, et maman a continué :

– Il s'est comme qui dirait suicidé... Dans le quartier, personne ne le savait, mais il avait une fille qui s'en était très bien sortie. Elle était danseuse dans un cabaret. Belle comme le jour, à ce qu'il paraît. Il en était fier comme tout, mais il n'en parlait presque pas pour ne pas lui faire de tort. Si on avait su que son père vivait dans un taudis de Lower Thames Street[11], elle n'aurait pas été près de trouver un mari ! Alors il allait la voir en cachette, à la nuit tombée. Même sa logeuse ne l'avait jamais vu. Eh bien ! tu sais ce qui lui est arrivé, à cette pauvre fille ? Elle s'est fait étrangler ! Le malheureux est devenu comme fou quand il l'a appris. En rentrant de l'enterrement, il s'est enfermé et il a bu jusqu'à en mourir. On l'a retrouvé au milieu d'un tas de bouteilles vides... C'était ce qui pouvait lui arriver de mieux. C'est tellement atroce de perdre un enfant...

Comme dirait le docteur Watson, maman a sombré dans une profonde rêverie. Moi aussi. Mais pas pour la même raison.

Si l'homme à la jambe de bois était un pauvre père éploré, cela ne pouvait pas être lui l'assassin. L'assassin était donc quelqu'un

11. Rue par laquelle on accède au Billingsgate Market.

d'autre – élémentaire ! –, quelqu'un qui avait cru bon de voler un perroquet empaillé. Tout ça était bien excitant, car j'en savais maintenant beaucoup plus que M. Sherlock Holmes. Je ne voyais pas encore bien pourquoi l'assassin avait fait disparaître un animal qui ne risquait pas de le dénoncer, mais il y avait forcément une raison.

J'ai tellement travaillé du chapeau cette nuit-là que je n'ai pas fermé l'œil. Maman non plus, mais elle c'était parce qu'elle avait trop froid. Elle toussait à s'arracher le gosier. Il était temps que je la sorte de là. Notre sort à tous les deux était entre les griffes du perroquet empaillé.

6

À l'aube, j'ai quitté notre chambre. Moi, je ne suis pas du genre à réfléchir au coin du feu comme M. Sherlock Holmes. Je suis un gamin des rues et c'est dans les rues que je trouve l'inspiration.

À l'heure où je devais prendre les journaux du matin pour les vendre, j'avais établi mon plan de bataille et, tout en m'époumonant à hurler les nouvelles du jour, j'y repensais et plus j'y repensais, plus j'étais sûr d'être sur la bonne voie.

Pendant que je criais à tous les coins de rue : « L'enquête sur la mort de l'archiduc Rodolphe ! S'agit-il d'un accident de chasse [12] ? » je me disais : « Violet Juniper n'avait pas de petit ami, elle ne recevait pas de visites à part celles de son père : c'est sûrement lui qui lui a offert Loulou, c'est pour ça qu'elle tenait tant à cette bestiole. Avec sa jambe de bois, il ne devait pas s'aventurer très loin de chez lui, sauf pour aller voir sa fille. En traînant vers Lower Thames Street, je finirai bien par savoir où il a acheté l'animal... Après, il faudra jouer serré, parce

12. Rodolphe de Habsbourg, fils unique de François-Joseph Ier (empereur d'Autriche et roi de Hongrie), fut trouvé mort avec son amie Marie Vetsera dans le pavillon de chasse de Mayerling le 1er février 1889.

que si j'ai raison il risque d'y avoir du grabuge... »

Un peu plus tard, quand je suis arrivé dans Lower Thames Street, la tempête s'est levée et la neige s'est mise à tomber dans tous les sens. Au bout d'une demi-heure, les rues et les maisons ressemblaient à un énorme gâteau biscornu recouvert de sucre glace. Bientôt il n'y a plus eu que quelques personnes dehors, et j'ai eu bien du mal à obtenir le renseignement que je voulais. Mais finalement j'y suis arrivé.

Il y avait trois boutiques d'empailleurs dans le coin et, en éliminant la première qui ne faisait pas d'oiseaux et la deuxième qui était fermée depuis un mois, il n'en restait qu'une : *Furs and Feathers. Ferguson & Co*[13].

La boutique était minable et plus sombre qu'un cachot de la Tour[14]. Il y avait juste une

13. En français : *Poils et plumes, Ferguson et Cie.*

14. Citadelle de Londres, constituée en réalité de plusieurs tours, qui servit longtemps de prison. Deux des femmes d'Henri VIII y furent notamment incarcérées.

petite lampe à pétrole dans un coin qui n'éclairait pas grand-chose et je n'arrivais même pas à voir jusqu'au fond du magasin. En me collant contre la vitre et en écarquillant les yeux dans tous les sens, j'ai quand même fini par apercevoir deux ou trois perroquets. Impossible de savoir s'ils étaient de la même couleur que celui de la pauvre Violet, mais en tout cas c'étaient bien des perroquets. Seulement la boutique avait l'air d'être fermée et je ne savais pas trop quoi faire.

Je n'ai pas eu besoin de réfléchir longtemps, parce qu'à ce moment-là une voix s'est mise à hurler dans mon oreille droite, une espèce de voix à la fois cassée et tonitruante qui m'a fait sauter en l'air.

– Qu'est-ce que tu veux, gamin ? Tu viens pour la place ?

J'ai répondu oui sans réfléchir, puis je me suis retourné et j'ai vu quelque chose qui ressemblait à un énorme bison. En fait c'était un homme, mais il était plus large que haut, tout bossu, enveloppé dans des tas de manteaux sans couleur, et ses yeux brillaient comme ceux d'une bête sauvage. J'ai failli partir sans demander mon reste, mais à ce moment-là j'ai pensé au feu dans la cheminée de M. Sherlock Holmes, je me suis représenté en train d'annoncer au grand détective que j'avais trouvé l'assassin de Violet Juniper, et je suis resté.

Le bison a sorti des clés et a mis plusieurs minutes à ouvrir la porte, pendant que je tremblais de froid, et peut-être aussi un peu de peur, parce que cela me rappelait les contes que maman me racontait quand j'étais petit. J'avais l'impression que, dès que je serais entré dans la boutique, une trappe s'ouvrirait, que je tomberais dans un cachot où je passerais le reste de mes jours à me défendre contre une armée de rats.

J'étais un peu furieux, aussi, contre M. Sherlock Holmes : j'étais sûr qu'il n'avait jamais eu, lui, à subir des épreuves pareilles. Seulement, lui, il n'était pas le fils d'un marin naufragé et d'une marchande de poissons. J'étais vraiment en colère contre lui et ça m'a fait oublier ma peur.

Après avoir enfin réussi à ouvrir la porte, le bison m'a pousse vers une petite chaise et est resté planté debout au-dessus de moi, puis il m'a observé sans rien dire pendant une éternité. Il se détachait en ombre chinoise sur le mur où tremblait la lumière de la lampe, et comme cela on aurait vraiment dit un animal préhistorique dans sa grotte. J'ai pris l'air aussi innocent que j'ai pu, mais je repensais à toutes les idées que j'avais échafaudées pendant la journée et j'étais sûr qu'il allait les lire sur ma figure. Finalement, il s'est décidé à parler :

– Tu n'as pas l'intention de te jeter dans la Tamise ?

J'ai répondu « non, Monsieur » en espérant que toutes ses questions n'allaient pas être aussi idiotes. Il s'est mis à grommeler et s'est lancé dans un discours qui n'en finissait pas. Le garçon précédent n'était pas venu pendant une semaine et lui avait fait perdre beaucoup d'argent, et finalement on l'avait retrouvé noyé dans la Tamise, et comme ce garçon n'avait pas de famille c'était lui, Ferguson, qui avait dû s'occuper de toutes les formalités avec la municipalité. Il avait autre chose à faire que de chercher des employés et j'avais intérêt à faire l'affaire.

Il m'a expliqué tout cela en agitant son poing au-dessus de ma tête comme s'il voulait faire entrer ses paroles de force dans mon crâne. Puis il m'a soulevé par l'épaule aussi facilement que si j'avais été un chaton venant de naître, et il m'a porté jusqu'à l'arrière-boutique. Il a allumé deux ou trois lampes à pétrole et a commencé à m'expliquer son travail.

L'arrière-boutique était encore plus sinistre que la boutique. Sur des planches accrochées aux murs, des dizaines et des dizaines d'animaux me regardaient, leurs yeux luisant comme s'ils avaient la fièvre : il y avait des chiens, des écureuils, des souris et des renards, des poissons aux formes bizarres et des oiseaux de toutes les couleurs, serrés les uns contre les autres comme à l'école. J'étais tellement impressionné que j'ai reculé d'un pas, et alors j'ai senti quelque chose qui me frôlait le dos. Je me suis retourné et j'ai vu un énorme serpent à sonnette qui rampait derrière moi. J'ai poussé un cri et le bison a ramassé l'animal – qui était empaillé, évidemment – et l'a balancé devant moi en ricanant.

– Il va falloir t'y habituer, mon p'tit gars, si tu veux travailler ici ! Et maintenant, je vais te dire ce que tu auras à faire.

Sur un tréteau, il y avait des animaux qui avaient l'air encore vivants. Le bison m'a dit :

– Ceux-là sont tout frais ! On ne peut rien en faire tant qu'ils saignent. Alors il faut commencer par mettre du plâtre là où les balles les ont transpercés, pour aspirer tout le sang. Ça sera une partie de ton travail. Le plâtre, tu iras le chercher là où je te dirai, des sacs de dix livres[15].

Il s'est emparé d'un pigeon et me l'a fourré sous le nez.

– Tu le vois, cet oiseau ? Pas le temps de m'en occuper d'ici plusieurs jours. Alors je lui ai bourré tous les orifices avec du coton, je l'ai vidé et lui ai rempli le ventre de farine pour le maintenir frais. Au début, tu te contenteras de me regarder faire.

Je commençais à avoir la nausée et je me suis juré de ne jamais aller au-delà de ce que le bison appelait le « début ». Plutôt vendre des journaux toute ma vie !

Ensuite, il m'a montré une boîte pleine de faux yeux, des peaux qui séchaient et des

15. Il s'agit ici de livres anglaises (de livres comme unité de poids, à ne pas confondre avec la livre unité de monnaie !). Une livre anglaise pèse 453,5 grammes. Dix livres sont donc l'équivalent de 4,5 kilos.

tas d'horreurs du même genre, et m'a expliqué à quoi servaient les outils. Il y en avait une variété invraisemblable : pinces, ciseaux, limes, tenailles, broches en fer de toutes les tailles, scies, vrilles, pinceaux et j'en passe. Ça sentait une drôle d'odeur dans cette pièce aérée seulement par deux lucarnes, et j'ai cru un moment que j'allais tourner de l'œil.

Je commençais à penser qu'il valait mieux dire adieu à mes ambitions de détective plutôt que de passer une minute de plus dans cette horrible caverne. Mais juste au moment où je m'apprêtais à couper la parole au bison pour lui dire que la place ne m'intéressait plus, mes yeux sont tombés – il y a des expressions qui sont malheureuses, parce que, si on commence à faire tomber ses yeux dans un endroit comme celui-là, c'est plutôt dangereux – sur une rangée de superbes perroquets multicolores. Alors, au lieu de refuser la place, j'ai dit :

– Qu'ils sont beaux, ces perroquets ! Ils doivent coûter très cher !

Le bison a répondu : « Ça dépend lesquels », et il s'est mis à rire, à rire si fort et si longtemps que j'ai eu l'impression qu'il était devenu fou. Puis tout à coup il m'a regardé et ses petits yeux sont devenus méfiants, il s'est arrêté de rire, et il m'a dit :

– Tu auras un souverain[16] par semaine. Tu iras chercher le plâtre et l'étoupe, tu t'occuperas des plaies et des orifices, tu tanneras les peaux, tu peindras les becs des oiseaux, tu livreras les commandes et tu feras le ménage. Tu commenceras demain matin.

Évidemment, c'était un métier plutôt désagréable, c'était mal payé et il fallait que je trouve le soir même un copain pour vendre les journaux à ma place. Mais le bison avait éclaté d'un rire sardonique quand je lui avais

16. Un souverain était l'équivalent d'une livre (unité de monnaie).

dit que ses perroquets devaient valoir cher et ensuite il m'avait regardé d'un air méfiant et ça, c'était plutôt significatif.

7

À partir du lendemain, ma vie est devenue un vrai cauchemar. Ce n'est pas que je sois très délicat, mais passer sa vie au milieu de macchabées d'animaux, dans une pièce sombre et sans air, avec une espèce de fou qui passe son temps à parler tout seul...

« Là, mon petit père, tu as la peau dure, mais on va te la tanner un peu et tu verras comme tu seras chic. Avec de beaux yeux en émail tu seras le dandy de la boutique ! »

Non, ça n'était pas une vie. Mais je ne perdais pas mon temps. Dès le premier soir, j'ai appris par une voisine que mon prédécesseur s'était fait renvoyer parce que le patron l'avait trouvé en pleine nuit dans l'atelier.

– Pauv' p'tit gars ! m'a dit la voisine. Ferguson a toujours une petite réserve de pain et de haddock dans son atelier. Le p'tit gars a eu faim, c'est tout ! Il est passé par une lucarne... Pouvait pas s'douter que Ferguson allait venir travailler à c't'heure ! Quand il a entendu venir le patron, il s'est caché. Mais le patron est resté, resté, et le p'tit a fini par éternuer. Salopard de Ferguson ! Je l'ai entendu crier après le pauv' garçon, une vraie furie ! Il lui reprochait des tas de choses. Des erreurs dans les livraisons, du retard quand il faisait les courses... Finalement, le pauv' gars est allé se jeter dans la Tamise. On l'a retrouvé huit jours après. Si tu veux mon avis, mon garçon, reste pas là. Un homme qui passe sa vie à empailler de pauv' bêtes qu'ont rien demandé à personne peut pas être tout à fait normal.

Cette voisine-là, je l'aurais embrassée si j'avais osé. Elle m'en avait dit assez pour que je sois sûr, maintenant, que mon hypothèse était la bonne.

Il ne me restait plus qu'à me montrer plus habile que le « pauv' p'tit gars » qui s'était noyé. Ou plutôt, que Ferguson avait poussé dans la Tamise. Parce que ça ne faisait pas l'ombre d'un doute. C'était cet empaillé de bison qui avait « suicidé » son employé.

L'ennui, c'était que je ne pouvais pas savoir quand Ferguson viendrait « travailler » en douce dans l'atelier. J'ai donc commencé par passer trois nuits de suite à grelotter pour rien derrière le rayon des chiens de chasse.

Cela m'a tout de même permis de trouver la méthode la plus sûre pour m'introduire dans l'atelier.

Avec la neige qui recouvrait tout, il n'était pas question de passer par la lucarne : Ferguson aurait vu des traces de pas dans la cour. Mais j'ai découvert – quand le patron s'absentait une demi-heure pour aller boire au pub, j'en profitais pour explorer les lieux – que le soupirail de la cave débouchait sur une étroite langue de terrain donnant directement sur la Tamise, qui n'était recouverte d'eau qu'à marée haute[17]. Sans doute était-ce par là que Ferguson avait jeté le corps du « pauv' gars »... et qu'il jetterait le mien s'il me surprenait en train de me mêler de ses affaires...

Donc, après trois nuits blanches, j'étais assez découragé. M. Sherlock Holmes devait être furieux de ne pas avoir de mes nouvelles,

17. À Londres, la Tamise, encore large, est sensible à l'influence des marées.

il s'imaginait sans doute que j'avais été incapable de retrouver l'homme à la jambe de bois. Il fallait absolument que je retourne le voir avec des indices vraiment sérieux, à défaut du nom de l'assassin...

Le quatrième jour, tout s'est précipité. J'étais en train de bourrer de coton la gueule d'un malheureux élan lorsque la clochette a retenti : quelqu'un entrait dans la boutique. J'ai tout de suite vu à la tête du bison que c'était spécial. D'ailleurs, depuis le matin, il n'avait pas cessé de regarder vers la porte.

Donc, dès qu'il a entendu la clochette, Ferguson s'est précipité dans la boutique en fermant derrière lui la porte de l'atelier. Évidemment, je suis allé coller mon œil contre le trou de la serrure. Mais le visiteur faisait les cent pas et je n'arrivais pas à le voir. Les deux hommes parlaient à voix basse. J'ai juste entendu Ferguson ouvrir le coffre où il laisse toujours un peu d'argent et le refermer à clé.

Puis l'homme est parti et, quand le patron est revenu dans l'atelier, il m'a trouvé en train de siffloter, consciencieusement penché sur la gueule de l'élan. Pas si bête !

D'habitude, il laisse le feu s'éteindre dès quatre heures de l'après-midi pour faire des économies. Ce jour-là, il l'a entretenu beaucoup plus tard en répétant sans arrêt qu'il se sentait grippé. Évidemment, s'il voulait revenir « travailler » la nuit, il valait mieux qu'il ne fasse pas trop froid dans l'atelier !

On est donc partis ensemble, comme d'habitude, et j'ai laissé Ferguson au pub de la Couronne pour aller dîner avec maman. Mais une demi-heure plus tard, je l'ai laissée à ses chaises en lui disant que j'avais à faire. Elle a eu l'air tout inquiète de me voir repartir dans le froid.

Parce que depuis plusieurs jours la tempête de neige ne s'était pas calmée. Et Whitechapel est peut-être plus beau sous la neige parce qu'on voit moins la crasse des rues et des maisons, mais c'est particulièrement sinistre. À part quelques pauvres filles qui traînent comme des âmes en peine et des chats rachitiques, personne ne s'attarde dans les rues. Il n'y a que près des pubs que c'est un peu plus animé mais, depuis qu'un marin ivre mort m'a assommé pour me prendre mes chaussures trouées, je préfère emprunter les rues désertes, où je marche très vite en transformant ma tête en girouette pour surveiller à la fois devant, derrière, à gauche et à droite.

Tout ça pour dire que, ce soir-là, en pensant à ce qui m'attendait dans l'atelier si je me faisais pincer, je n'étais pas fier et je crois même que j'ai prié saint Sherlock de me venir en aide.

8

Quand je suis arrivé devant la boutique, il n'y avait pas la moindre lumière. Le patron était encore en train de dîner. J'ai donc fait le tour du pâté de maisons, j'ai gagné les bords de la Tamise un peu plus loin et je suis passé par le soupirail de la cave.

Puis je suis monté dans l'atelier. Je n'ai même pas osé allumer la chandelle que j'avais apportée tellement j'avais peur de me faire repérer. Avec la neige, il y avait une lueur suffisante pour quelqu'un qui connaissait bien les lieux. Je me suis installé dans ma cachette habituelle : l'armoire où on met tout ce qui sert à bourrer les animaux. Elle est grande, et même si Ferguson l'avait ouverte il n'aurait pas pu me voir, caché derrière les monceaux d'étoupe.

N'empêche : quand j'ai entendu tourner la clé dans la serrure, j'ai senti comme une sueur glacée qui dégoulinait dans mon dos et j'ai bien cru que j'allais éternuer.

Bien sûr, j'avais laissé la porte de l'armoire entrouverte et je n'avais qu'à tendre un peu le cou pour surveiller l'endroit où Ferguson s'installait habituellement pour l'opération finale : le bourrage des peaux.

Ferguson s'est mis tout de suite au travail. Mais on aurait dit quelqu'un d'autre. Alors que, dans la journée, il avait toujours l'air sinistre et ne parlait qu'à ses macchabées, ce soir-là il semblait tout gai. Il arrivait presque à sautiller, malgré sa corpulence, lorsqu'il allait chercher un outil, et il ne cessait de chantonner :

Et maintenant, j'vas aller en enfer
Et maintenant, j'vas aller en enfer
Mais quelle sacrée rigolade
Si vous y allez tous aussi[18] *!*

Il s'est mis à bourrer consciencieusement un perroquet. Quand ça a été fait, il est allé dans la boutique, je l'ai entendu ouvrir puis refermer le coffre, et il est revenu, toujours chantonnant. Il a entamé une espèce de danse, si on peut dire, en tout cas il tournait maladroitement sur lui-même en brandissant

18. Chanson vieille de quarante ans, qu'un Écossais chantait dans un pub de Londres en 1850. Habillé en ramoneur, il jouait le rôle d'un condamné à mort attendant l'heure de son exécution.

son poing fermé. Puis il s'est à nouveau occupé du perroquet. Il a recousu la peau, il a placé les ailes, il a mis les faux yeux et il a enveloppé l'animal dans des bandelettes de gaze. Enfin il a déposé l'oiseau dans une boîte en carton sur laquelle il a écrit un nom et une adresse, et la boîte est allée rejoindre sur le rayon le plus haut celles que je devais aller livrer dans la semaine. Puis il a ouvert le placard à l'autre bout de l'atelier et a bu une grande rasade de *sherry*[19] et il est reparti, plus silencieux qu'un fantôme – mais un fantôme aussi gras, même la sœur de maman qui habite en Écosse n'en a sûrement jamais vu.

Maintenant il fallait que je me dépêche. Il était trois heures du matin et j'en avais pour une heure à courir à Baker Street. Le temps de réveiller M. Sherlock Holmes, de tout lui expliquer... Le temps qu'il prévienne

19. Vin blanc, équivalent anglais du xérès.

Scotland Yard, parce qu'il ne pouvait tout de même pas arrêter Ferguson comme ça, sans autorisation officielle...

Évidemment, tant que le perroquet était sur l'étagère, ça pouvait peut-être attendre. Mais maintenant que j'étais sûr de la culpabilité de mon patron, je ne me voyais pas travailler une journée de plus à côté de lui. J'avais trop peur qu'il s'aperçoive de quelque chose et qu'il me jette dans la Tamise.

9

Je suis donc redescendu à la cave, tout excité... et je me suis aperçu qu'entre-temps la Tamise avait monté.

Les eaux noires arrivaient presque au ras du soupirail et, en me représentant à quelle hauteur le soupirail se trouvait d'habitude au-dessus du sol, je me suis dit que si je sautais j'aurais de l'eau au moins jusqu'à la taille. Il faut dire que je ne suis pas très grand, forcément, j'ai été tellement mal nourri ! J'ai laissé pendre mon bras : l'eau était glaciale. Je ne me voyais pas faire deux cents mètres là-dedans, j'étais sûr d'attraper une pneumonie. Peut-être même que je m'évanouirais et qu'on retrouverait mon corps dans quelques jours, comme celui du pauv' p'tit gars...

Alors je suis remonté dans l'atelier. Il valait mieux passer par la lucarne. En faisant assez vite, tout serait réglé avant que Ferguson ne voie mes traces de pas dans la neige en revenant ouvrir la boutique.

Seulement Ferguson était rusé : depuis l'histoire du pauv' p'tit gars, il avait mis deux gros verrous aux lucarnes. Je n'avais plus qu'à aller attendre à la cave que la Tamise redescende. J'ai quand même eu la présence d'esprit de regarder au passage le nom et l'adresse qui étaient marqués sur la boîte au perroquet.

J'ai passé la nuit la plus épouvantable de toute ma vie. Il faisait un froid de loup, et j'entendais autour de moi des grattements et des piétinements terrifiants : des rats ! J'ai allumé ma chandelle pour les éloigner, mais elle a vite brûlé et je me suis retrouvé dans l'obscurité. De temps en temps, je sentais des petites pattes qui me frôlaient et je crois que je me suis mis à pleurer en pensant à maman qui devait être morte d'inquiétude à mon sujet.

Finalement, je me suis endormi et j'ai fait des cauchemars. Je me trouvais dans une forêt, poursuivi par un bison aux yeux phosphorescents. J'essayais de courir mais mes pieds gelés ne me portaient plus et, finalement, je suis monté dans un arbre. Le bison tournait autour du tronc en hurlant des chansons et à un moment j'ai glissé sur les branches recouvertes de neige et je suis tombé. Alors je me suis réveillé.

Il commençait à faire jour et j'entendais marcher au-dessus de moi : Ferguson avait ouvert la boutique, et il devait se demander pourquoi je n'arrivais pas. Il allait commencer à se méfier, peut-être qu'il allait juger plus prudent d'emmener le perroquet ailleurs et alors tous mes efforts n'auraient servi à rien. Peut-être aussi qu'il allait descendre à la cave et me trouver ?

Je me suis levé à grand-peine, j'étais tout ankylosé par le froid, et j'ai grimpé sur le tonneau qui était devant le soupirail. La Tamise avait à peine commencé à baisser et j'ai dû attendre encore au moins deux heures.

Il faisait complètement jour quand j'ai pu enfin sauter. J'avais de l'eau jusqu'aux chevilles et on aurait dit que j'étais retenu au sol par des cercles de fer. Mais j'ai avancé un pied après l'autre, en serrant les dents pour ne pas crier tellement le froid me faisait mal, et finalement je suis arrivé jusqu'au boyau qui menait dans la rue. Là, j'ai pris mes jambes à mon cou et j'ai couru, couru à me faire éclater le cœur.

En arrivant au 221B Baker Street, j'ai tout juste eu la force de sonner, et quand Mme Hudson m'a ouvert la porte je me suis évanoui.

Cette fois, j'ai eu droit au cognac sur le canapé de M. Sherlock Holmes. Je n'avais qu'une envie : dormir. Seulement j'étais en mission. J'ai tout raconté : l'homme à la jambe de bois, le perroquet volé, la boutique de l'empailleur, les activités nocturnes de Ferguson, et j'ai eu droit à un second cognac. Je n'aurais jamais cru que ça avait si mauvais goût... Seulement après, je me sentais bien, tellement bien que cette fois je me suis endormi.

10

Quand je me suis réveillé, il faisait à nouveau nuit. Un feu d'enfer brûlait dans la cheminée et le docteur Watson lisait dans un fauteuil à côté de moi.

Il m'a tout de suite dit :

– J'ai rassuré votre maman, Wiggins, pendant que M. Holmes s'occupait de Ferguson. Vous pouvez rester ici jusqu'à son retour. Mais en attendant, que diriez-vous de saucisses et d'un bon thé bien chaud ?

Et il est allé demander à Mme Hudson de nous monter un *breakfast*[20]. Un quart d'heure après, elle est arrivée avec un plateau qui sentait comme quand on passe devant les grands hôtels, et au même moment on a entendu la porte de la rue qui s'ouvrait, des pas rapides qui montaient l'escalier, et M. Sherlock Holmes est entré dans la pièce, le nez tout rouge à cause du froid et son Macfarlane couvert de neige.

Il s'est avancé vers moi, a serré très fort mes deux mains dans les siennes, et il m'a dit :

20. Petit déjeuner anglais composé généralement d'œufs au bacon, de saucisses, de haricots à la sauce tomate et de toasts accompagnés de thé au lait.

– Wiggins, si un jour comme je le souhaite je quitte Londres pour aller élever des abeilles dans le Sussex, j'espère que vous prendrez ma suite.

J'ai failli pleurer encore une fois. De joie, bien sûr. M. Sherlock Holmes s'est assis et, tout en me regardant manger, il a tout raconté.

Grâce à moi, Scotland Yard venait d'arrêter un des plus grands receleurs de Londres. Ferguson avait un passé douteux de cambrioleur et il savait qu'on le surveillait. Depuis plusieurs années, il avait donc renoncé à ses activités pour, apparemment, « s'acheter une conduite » – c'est l'expression qu'a employée M. Sherlock Holmes, mais je ne sais pas trop ce que ça veut dire.

On pouvait toujours le surveiller : il quittait son domicile pour aller travailler à la boutique et revenait le soir chez lui en s'arrêtant au pub, et il avait choisi exprès un pub où il ne se passait rien de malhonnête – il avait dû avoir du mal à le trouver, celui-là !

Alors Scotland Yard avait fini par le laisser tranquille. Mais en réalité, le bison avait trouvé un moyen facile et sûr de s'enrichir.

Quand quelqu'un avait volé un bijou de grande valeur, le plus difficile pour lui était de le vendre sans se faire repérer. Alors il apportait le bijou à Ferguson. Et Ferguson, sans avoir à s'écarter de sa route habituelle, donc sans éveiller les soupçons, revendait le bijou à un collectionneur. Il lui suffisait de dissimuler la pierre dans le corps d'un animal empaillé, et de faire porter ledit animal par son employé à l'adresse indiquée. Il était payé sur un compte en banque qu'il s'était fait ouvrir sous un faux nom.

Seulement, un jour, l'employé du bison s'était trompé. Il avait livré un perroquet lesté d'une pierre à l'homme à la jambe de bois – qui l'avait offert à sa fille –, et il avait livré un perroquet ordinaire à l'acheteur intéressé par le bijou.

Quand Ferguson s'en était aperçu, il avait été catastrophé. La colère lui avait peut-être fait dire des choses qu'il n'aurait pas dû dire... Bref, il avait préféré pousser son employé dans la Tamise pour l'empêcher de parler.

Puis il était allé chez l'homme à la jambe de bois pour savoir où était passé le perroquet, et de là il s'était rendu chez Violet Juniper pour échanger le perroquet précieux contre un ordinaire.

Violet Juniper avait-elle deviné quelque chose ? Sans doute, puisque le bison avait été obligé de l'étrangler... Et puis l'homme à la jambe de bois, en apprenant la mort de sa fille, avait fait le rapprochement avec l'empailleur... Et il était mort à son tour, et comme il était désespéré d'avoir perdu sa fille, tout le monde avait cru qu'il s'était suicidé.

Tout ça, bien sûr, je l'avais deviné, en partie en tout cas. Quand j'avais expliqué ma salade à M. Sherlock Holmes, il était allé à la boutique de Ferguson : elle était fermée ! Ce qui voulait dire que le bison avait trouvé mon absence un peu louche, et qu'il avait jugé plus prudent de se débarrasser tout de suite du perroquet au ventre en pierre précieuse. Heureusement que j'avais dit à M. Sherlock Holmes à quelle adresse il devait être livré !

M. Sherlock Holmes, accompagné de l'inspecteur Lestrade, était allé faire le guet à l'adresse de la livraison. Ils avaient vu le bison arriver comme une fleur avec son perroquet, et ils n'avaient plus eu qu'à le cueillir.

Dans le ventre du perroquet, il y avait une escarboucle de vingt mille livres – une escarboucle, m'a expliqué le docteur Watson, c'est une pierre précieuse de couleur grenat.

Espérant sans doute échapper à la potence, le bison avait parlé, il avait donné les noms des gens qui lui apportaient régulièrement des bijoux volés. Mais il avait tout de même trois morts sur la conscience, et M. Sherlock Holmes était convaincu qu'il serait pendu.

11

M. Sherlock Holmes m'a largement récompensé pour le travail que j'avais fait. Il a été tellement généreux que maman a décidé de laisser tomber les chaises.

J'ai pu lui acheter toute une garde-robe et, avec son chapeau à bride et son manteau de drap prune, elle a tellement d'allure qu'elle a réussi à trouver une place d'aide-cuisinière dans un hôtel particulier à Mayfair[21]. Elle y habite avec les autres domestiques, c'est la vraie vie de château, même si elle travaille énormément.

Moi, je suis resté dans notre petite chambre – provisoirement. Pour les enquêtes que me confie M. Sherlock Holmes, il vaut mieux que je vive dans ce quartier où il se passe tant de choses. Plus tard, bien sûr, quand j'aurai ma clientèle, je changerai de quartier.

Je suis retourné un jour voir les copines de maman à la poissonnerie. Le patron à face de pudding n'était plus là : il s'est fait arrêter pour une histoire de vol de bijoux, m'ont-elles

21. Quartier chic de Londres.

dit. Je pense qu'il était de mèche avec Ferguson et je trouve ça plutôt amusant. D'ailleurs, j'aurais dû m'en douter : ils avaient les mêmes yeux. Des yeux malhonnêtes.

Il y a tout de même une justice sur terre.

Mais pour que justice soit vraiment faite, j'aurais bien aimé qu'on empaille le bison après sa mort. Il paraît que ça ne se fait jamais. Dommage !

Si ce livre t'a plu,
lis ces quelques pages
du même auteur

Wiggins et la ligne chocolat

n° 13 de la collection

Extrait

Décidément, l'année de mes quinze ans comptera dans ma vie. Il m'était déjà arrivé auparavant de donner un coup de main à M. Sherlock Holmes, et le docteur Watson a d'ailleurs parlé de moi dans certaines de ses histoires[1]. Mais c'est cette année – on est en 1889 – que pour la première fois j'ai démasqué tout seul et au péril de ma vie, comme on dit, un assassin-receleur. C'était en février, il faisait un froid à vous faire tomber toutes les dents et je ne suis pas près d'oublier ma nuit dans la cave du bison, encerclé par une armée de rats qui me prenaient pour un morceau de chester[2].

1. Voir A. Conan Doyle : *Une Étude en rouge* et *Le signe des quatre.*

2. Voir *Wiggins et le perroquet muet,* du même auteur dans la même collection.

On est au début du mois de novembre et cet exploit fait partie du passé. Pourtant il a changé ma vie. J'habite toujours dans la misérable chambre de Whitechapel où j'ai passé mon enfance mais, grâce à la généreuse récompense et au soutien de M. Sherlock Holmes, maman a trouvé une place dans un hôtel particulier et j'ai l'impression que les jours noirs touchent à leur fin. J'en avais en tout cas l'impression jusqu'à dimanche dernier.

Le vent s'était levé pendant la nuit et n'avait pas cessé de hurler comme une bête féroce dans les rues étroites. J'étais arrivé tant bien que mal à allumer un feu, mais les rafales qui s'engouffraient dans la cheminée envoyaient des nuages de fumée dans la pièce et j'avais l'impression d'être transformé en conducteur de locomotive.

Comme souvent le dimanche, je n'avais pas trop le moral. En semaine je passe mon temps à courir, entre la vente des journaux et tous les petits boulots que je trouve. Pas le temps de me lamenter ! Certains jours il m'arrive même de mettre quelques shillings de côté. Mais le dimanche, j'ai beau compter et recompter l'argent que j'ai caché derrière une plinthe, je suis bien obligé de me rendre à l'évidence : je ne suis pas près d'aller habiter dans un quartier chic où je pourrais me faire une clientèle. Quel gentleman irait consulter un détective dans une rue sordide de Whitechapel ?

Ce fameux dimanche, donc, je ressassais mes idées noires, aussi noires que la fumée qui avait envahi la pièce, lorsque j'ai entendu frapper à la porte. Était-ce un client ? Un client plein aux as venant me supplier de le sauver de dangereux criminels lancés à ses trousses ? Cette idée m'a fait rire jaune. Ce devait être plutôt un copain venant me demander de retrouver le chat de sa petite amie.

C'était maman. Dès que j'ai ouvert la porte elle m'a serré dans ses bras, puis elle est entrée dans la pièce, a toussé, et m'a demandé d'un air soucieux : « Tu t'es mis à fumer ? » Pauvre maman ! Elle aurait bien tort de s'inquiéter ! Le tabac coûte tellement cher... D'ailleurs je me suis juré d'attendre d'être aussi connu – ou presque – que M. Sherlock Holmes pour me mettre, comme lui, à fumer la pipe.

J'ai expliqué à maman que c'était la cheminée qui tirait mal et je l'ai fait asseoir – maman, pas la cheminée – sur le lit. Elle était très jolie avec ses bottines à petits talons et son manteau vert foncé serré à la taille. Maman est très mince. J'espère qu'elle est bien nourrie là où elle travaille. C'est la première chose que je lui ai demandée ce dimanche-là mais elle a eu l'air un peu agacé.

– Je mange sûrement plus que toi, m'a-t-elle dit en me regardant de la tête aux pieds. D'ailleurs on n'a pas le temps de parler de ça. Le comte et la comtesse sont allés passer la journée chez le frère de la comtesse à Holborn[3] et j'en ai profité pour courir jusqu'ici. Mais il faut que je sois rentrée avant eux et je n'ai pas envie de dépenser deux shillings pour prendre un fiacre. Alors écoute-moi bien. J'espère que tu pourras m'aider, tu es tellement intelligent ! Je suis dans le pétrin, mon chéri...

L'espace d'une seconde, j'ai imaginé maman enfouie sous une gigantesque pâte à tarte dans la cuisine de la comtesse Brazenduke et j'ai failli piquer un fou rire. Mais je me suis aperçu qu'elle était toute pâle et qu'elle n'arrêtait pas de croiser et de décroiser ses mains. La pauvre... Ses soucis devaient être de taille. Alors j'ai approché ma chaise du lit et j'ai écouté le récit de maman.

3. Quartier des juristes.

« Le comte et la comtesse Brazenduke ont deux enfants : Charles et Marjorie. Du moins ils en *avaient* deux. Car dès que quelqu'un prononce le nom de Charles, Mme Brazenduke se met à pleurer et son mari tourne les talons. Il a dû se passer un drame, peut-être même que leur fils est mort... En tout cas personne n'ose poser de questions. Marjorie, elle, a dix-neuf ans et elle habite chez ses parents. Ces gens-là ne vivent pas comme nous, tu sais. Marjorie, par exemple, passe son temps à ne rien faire. Rien de très utile en tout cas. Le soir, elle court les dîners et les bals pour chercher un mari, et dans la journée elle se prépare pour être à la hauteur du futur mari, qui sera sûrement aussi riche et méprisant que le comte Brazenduke et qui ne saura rien faire de ses dix doigts. Marjorie apprend le français avec une Parisienne qui vient tous les jours à l'heure du thé. Elle assiste à un cours de danse le jeudi et à un cours de dessin le lundi, et elle fait une heure de piano et de chant tous les jours. À sa place je m'ennuierais. Mais heureusement je n'y suis pas, à sa place ! »

Maman a dit cela d'un air tellement furieux que je me suis demandé si elle n'enviait pas quand même un peu Marjorie. D'ailleurs je trouvais qu'elle parlait beaucoup trop de cette demoiselle et je le lui ai dit.

« Tu vas comprendre pourquoi, m'a-t-elle répondu. Marjorie est importante dans mon histoire. Écoute bien la suite.

Jusqu'au mois d'octobre tout allait comme sur des roulettes. Au début je n'étais pas rassurée mais Joe – le chef-cuisinier – a tout de suite été très gentil avec moi et m'a appris des tas de "trucs". C'est vrai que je travaille mieux que Daisy, qui rate toutes ses pâtes de *pies*[4]. Daisy, c'est l'autre fille de cuis... »

Maman s'est arrêtée net. Elle m'avait dit qu'elle avait trouvé une place d'aide-cuisinière et voilà qu'elle venait de lâcher qu'elle n'était que fille de cuisine. Comme si cela pouvait avoir de l'importance pour moi !

« Donc je me plaisais bien, a-t-elle repris. Et puis le mois dernier il a commencé à se passer des choses bizarres.

Des objets se sont mis à disparaître. D'abord il y a eu une carafe à porto. La femme de charge était sens dessus dessous et nous a tous houspillés pendant deux jours pour savoir qui l'avait prise. Comme si ça pouvait être nous, alors qu'on ne sort pas de la cuisine ! Je me suis demandé un moment si Daisy n'était pas allée au salon pendant la nuit pour boire un coup. Elle a l'air bizarre, certains matins... Elle aurait pu casser la

4. Sortes de tartes dont la pâte entoure complètement le contenu.

carafe et jeter les débris pour ne pas se faire pincer. Enfin bref, finalement on n'en a plus parlé et j'ai oublié l'incident. Du moment qu'on ne me soupçonnait pas...

Mais après la carafe il y a eu le service à découper le gigot. Tout en argent avec des manches d'ivoire. D'un lourd !... Ce jour-là, à la cuisine, personne n'a rien pu avaler. Des couverts en argent, ça ne pouvait pas se casser, donc ils avaient dû être volés, et évidemment on allait soupçonner les domestiques ! Je n'en menais pas large, parce que c'est moi qui suis arrivée la dernière, au printemps. Bien sûr on ne m'avait jamais vue traîner dans les étages[5], mais je connais la vie : on est toujours prêt à soupçonner ceux qui ne peuvent pas se défendre...

---

5. Au XIXe siècle, dans les hôtels particuliers de Londres, le sous-sol, auquel on accédait par une entrée de service, était réservé à la cuisine et au personnel. L'entrée principale était située au rez-de-chaussée. Le salon et la salle à manger se trouvaient au premier étage, et les chambres et la nursery au deuxième.

Les couverts à gigot ont mis une drôle d'ambiance dans la maison et tout le monde a commencé à s'épier. La femme de chambre m'a dit que la comtesse avait pris l'habitude de s'enfermer à clé tous les soirs dans sa chambre. Comme si on allait l'assassiner ! Pas avec le couteau à découper en tout cas, puisqu'il avait disparu !

Mais le pire est arrivé avant-hier vendredi. J'étais en train de mouliner de la viande pour faire un pâté et Daisy épluchait les légumes quand tout à coup on a entendu un hurlement de bête sauvage, suivi d'un bruit épouvantable, et puis le silence. Daisy s'est mise à claquer des dents et m'a fait signe de l'aider à pousser la table devant la porte de la cuisine pour la barricader.

Daisy est stupide. Moi j'avais plutôt envie de savoir ce qui s'était passé. J'en ai vu d'autres, à Whitechapel ! J'ai donc entrouvert la porte et à ce moment-là la bête s'est mise à gémir doucement. On aurait dit un chien perdu dans le brouillard. J'en ai eu le sang tout glacé. Je suis sortie de la cuisine, j'ai monté trois marches mais à ce moment-là une porte a claqué et je suis redescendue sans demander mon reste.

On n'a pas tardé à avoir le fin mot de l'histoire. Tout d'un coup on a vu apparaître Joe, blanc comme la mort. Il nous a dit que la marquise de la comtesse s'était envolée. Daisy a pouffé de rire et entre ses gloussements elle répétait tout le temps : “J'savais pas qu'les marquises avaient des ailes !” Mais j'ai vu que Joe ne trouvait pas ça drôle du tout et j'ai donné un grand coup de coude dans les côtes de Daisy pour la faire taire.

Alors Joe nous a expliqué qu'une marquise était une énorme bague et que celle de la comtesse avait disparu. La bête féroce qu'on avait entendue, c'était la comtesse s'apercevant du vol. Il nous a dit aussi qu'il allait sûrement y avoir une enquête et que bien sûr les domestiques seraient les premiers soupçonnés. Aussitôt Daisy et moi on s'est regardées et on a dit ensemble : “Ça ne peut pas être nous, on ne s'est pas quittées de la journée !” “Vous pourrez toujours dire ça à la police”, nous a répondu Joe.

C'est ce qu'on a fait, et j'ai cru un moment que j'étais sauvée. Seulement voilà ! Pendant que je m'expliquais comme je pouvais avec une espèce d'inspecteur à tête de fouine, Marjorie est arrivée et elle a demandé à lui parler. Évidemment il m'a tout de suite plantée là comme si je n'étais pas plus intéressante qu'un moulin à café.

Quand il est revenu, une demi-heure après, il ne ressemblait plus du tout à une fouine, mais à un loup qui va dévorer un mouton. Il a hurlé en me regardant, toutes ses canines en avant : “La jeune fille vous a vue hier vous faufiler au deuxième étage sans faire de bruit. Avouez que vous êtes entrée dans la chambre de la comtesse et dites-moi où vous avez caché sa marquise, ou il vous en cuira !”

C'était plutôt moi qui avais envie de passer cet inspecteur au four pour en faire du loup grillé, mais au lieu de lui répondre cela je lui ai dit que la bague n'avait pas forcément été volée la veille. "D'ailleurs, j'ai ajouté, je n'ai pas traîné dans les étages. Je ne traîne jamais, j'ai bien trop d'ouvrage, contrairement à la fille de la marquise ! Enfin, je veux dire de la comtesse."

L'inspecteur m'a passé un savon, je suis sûre qu'on l'entendait crier depuis le grenier, puis il est parti en disant qu'il allait faire fouiller ma chambre. Je me suis remise à mon pâté comme si de rien n'était, mais j'avais l'impression d'avoir l'estomac qui me remontait dans le gosier et au bout du compte le pâté a été trop salé : toutes mes larmes avaient dû tomber dedans.

Depuis, l'inspecteur n'est pas revenu. Mais Joe me regarde avec les yeux en point de croix pour me cacher ses soupçons, et aujourd'hui le comte et la comtesse sont allés à Holborn : sûrement pour demander conseil. Le temps de trouver une autre cuisinière et ils vont me faire dire par Joe de préparer mon balluchon, et alors mon chéri je crois que j'irai me jeter dans la Tamise. Parce que je n'ai pas la force de reprendre ma vie d'avant, à dormir trois heures par nuit pour gagner une misère. »

À cet endroit de son récit maman s'est tue et elle a baissé la tête, et moi je me suis levé en faisant comme si de rien n'était pour qu'elle croie que je ne l'avais pas vue pleurer. J'ai farfouillé un moment dans mon placard, où j'ai déniché une boîte de biscuits. Maman en a accepté un et après l'avoir mangé elle a eu l'air d'aller mieux. Je m'apprêtais à lui demander ce qu'elle voulait que je fasse mais elle a repris, en levant la main d'un air décidé :

« J'ai mon idée, moi, sur ces disparitions. Depuis vendredi je n'ai presque pas fermé l'œil, alors j'ai eu le temps de réfléchir, et je suis arrivée à une conclusion : Marjorie Brazenduke a quelque chose à cacher. »

J'ai failli interrompre maman pour lui dire qu'on n'avait encore jamais vu la fille d'un comte voler des couverts à gigot, mais maman ne m'en a pas laissé le temps. Elle m'a expliqué en long et en large pourquoi Marjorie lui paraissait louche. Puis elle s'est levée, elle m'a embrassé comme si c'était la dernière fois qu'on se voyait, et elle m'a quitté en courant... et en me laissant une mission que j'aurais payé cher pour pouvoir refuser.

Démasquer un receleur dans un quartier qu'on connaît par cœur est une chose. Surveiller une demoiselle de la bonne société est bien autre chose. Peut-être maman a-t-elle mieux dormi cette nuit-là parce qu'elle a en moi une confiance aveugle – et naïve. Quant à moi, lorsque le premier fiacre a fait entendre le tintamarre de ses roues cerclées de fer, le lendemain à l'aube, je n'avais pas encore réussi à m'endormir... Mais j'avais réfléchi et j'étais arrivé à la conviction que maman avait raison. Hélas !

Maman avait vu un jour, dans Hay's Mews[6], Marjorie en grande conversation avec un type bizarre. Enfin, pas vraiment bizarre. Ce

6. Les *mews* sont des ruelles étroites situées derrière les hôtels particuliers, qui servaient autrefois d'accès aux chevaux. *Mews* signifie écuries.

qui avait étonné maman, c'était que Marjorie parle à ce genre d'homme, qu'elle aurait mieux vu attablé dans un pub ou tenant une boutique de brocante. Il portait une cravate rouge, un costume râpé et des souliers pas très nets. Bien qu'il ait un beau visage, maman imaginait mal que ce soit le genre de mari que Marjorie puisse présenter au comte Archibald Brazenduke. Mais cela ne la regardait pas et elle était vite rentrée dans la maison en rasant les murs.

Seulement elle était sûre que Marjorie savait qu'elle l'avait vue. Depuis ce jour-là, à chaque fois que Marjorie, en rentrant à la maison, passait dans la rue au-dessus des fenêtres des cuisines, elle lançait un regard noir en direction de maman.

Intriguée, maman s'était mise à observer ses allées et venues, ce qui lui avait permis de remarquer quelque chose de bizarre.

Tous les lundis, aussitôt après le thé, Marjorie va à un cours de dessin dans

Berkeley Street. Elle part à pied avec un carton à dessin sous le bras et une petite mallette de merisier à la main, et elle revient deux heures plus tard, juste pour le souper. Or, le lundi suivant le vol des couverts à gigot, Marjorie était sortie avec seulement un sac à main, et elle était rentrée plus tard que d'habitude. Au moment où elle partait, maman l'avait croisée dans la rue et comme elle la regardait, un peu étonnée de lui voir les mains libres, Marjorie s'était arrêtée, avait eu un sursaut comme pour rebrousser chemin vers la maison, puis était repartie d'un pas rapide en se retournant pour foudroyer maman du regard.

Maman avait été choquée. Il paraît que ça ne se fait pas, pour une demoiselle, de se retourner dans la rue. (Les pauvres, je les plains ! J'ai l'impression qu'elles n'ont pas le droit de faire grand-chose. Je me demande même si elles ont le droit de rire !)

Quatre jours après ces événements étranges la marquise avait disparu et Marjorie avait menti à l'inspecteur pour faire accuser maman. Maman ne pensait pas que la jeune fille ait pu voler la marquise, la carafe ou les couverts à gigot. Mais elle cachait sûrement quelque chose, et comme elle avait compris que maman la surveillait, elle avait profité des vols pour la faire accuser et renvoyer. Ou bien elle avait caché la marquise et le reste : une fois maman renvoyée, elle pourrait toujours les faire réapparaître mystérieusement. En attendant, la vie de maman serait fichue parce que personne ne voudrait d'une voleuse dans sa cuisine.

Je n'avais plus qu'à prouver que Marjorie avait menti en disant qu'elle avait vu maman traîner au deuxième étage. Plus facile à dire qu'à faire ! Il fallait que je commence par démontrer qu'elle n'était pas si honnête qu'elle en avait l'air, puisqu'elle racontait à ses parents qu'elle allait à un cours de dessin alors que c'était faux, et qu'elle rencontrait en cachette un individu assez louche. Mais ce n'était pas tout ! Ensuite il me resterait à retrouver le véritable voleur de marquise.

Je me sentais de taille à découvrir la vérité. Pour ce qui était de la faire éclater, je n'aurais plus ensuite qu'à mettre un cierge à Westminster Abbey en priant le bon Dieu de faire un miracle. Car je ne me faisais pas d'illusions. Qui écouterait les divagations d'un gamin de Whitechapel ? Sûrement pas l'inspecteur Lestrade – maman avait réussi à découvrir le nom de la fouine aux dents de loup –, et encore moins le comte Archibald Brazenduke. Mais les cierges et les prières, ce n'est pas trop mon rayon. Alors j'ai eu une autre idée : j'irais sonner au 221B Baker Street. M. Sherlock Holmes était le seul homme capable de mettre la main sur la marquise, et le comte dans sa poche. M. Sherlock

Holmes m'inspire beaucoup plus confiance que le bon Dieu.

En attendant, on était à l'aube du lundi. C'était le jour du cours de dessin de Marjorie Brazenduke et il fallait que je me transforme en fantôme pour la suivre sans être vu. Je ne suis pas gros, mais tout de même !

À dix-sept heures trente donc, j'étais dans Charles Street, penché sur un vélo que j'avais emprunté au patron du pub à côté de chez moi, dont j'avais pris soin de dégonfler le pneu avant. Cela me donnait un prétexte pour rester planté dans la rue sans attirer l'attention. Et quand je suivrais Marjorie Brazenduke, on comprendrait pourquoi je tenais mon vélo à la main. Mais si tout d'un coup j'avais besoin de foncer je pourrais toujours pédaler, même avec un pneu à plat.

Quand Marjorie est sortie de la maison, je n'ai pas eu de mal à la reconnaître : elle était chargée d'un carton à dessin et d'une petite mallette. Cette fois elle n'avait pas oublié de les prendre, et il fallait espérer qu'elle n'allait pas démolir ma théorie en se rendant bien sagement à son cours !

Elle portait un manteau couleur de prune bien mûre et un petit chapeau rond. Je l'ai suivie. Mon cœur s'est mis à cogner comme un fou et je ne suis pas sûr que c'était parce que je marchais très vite. Marjorie était peut-être une menteuse, mais elle était aussi drôlement jolie !

Elle s'est engagée dans Clarges Street et, une fois arrivée dans Piccadilly, elle s'est retournée brusquement en fronçant les sourcils. J'ai bien cru qu'elle m'avait vu, mais en réalité elle cherchait sans doute un fiacre car à ce moment-là un omnibus couleur chocolat de la ligne *Chelsea* est apparu au loin, et Marjorie l'a attendu sur le bord du trottoir[7]. J'avais l'air malin avec mon vélo ! Il ne m'a

7. Les lignes d'omnibus étaient caractérisées par le nom du terminus et par la couleur des voitures. Il y avait ainsi une ligne chocolat, une ligne verte, une ligne rouge, etc.

fallu qu'une minute pour le dissimuler derrière des poubelles. Heureusement il faisait nuit et personne ne faisait attention à moi.

Je n'ai eu que le temps de sauter sur la plate-forme arrière de l'omnibus qui démarrait. Je me suis assis deux sièges derrière le petit chapeau rond, excité comme une puce. Maman avait raison : Marjorie séchait ses cours de dessin !

Elle est descendue à Charing Cross et, en courant presque, elle a continué un peu dans le Strand avant d'obliquer dans Adam Street. La rue, complètement déserte, était à peine éclairée par un réverbère. Il fallait que Marjorie ait un rendez-vous vraiment très important pour s'aventurer seule dans un endroit aussi sinistre ! Elle s'est arrêtée devant une maison en briques dont les fenêtres étaient obscures et elle avait à peine frappé à la porte que celle-ci s'est ouverte. Marjorie s'est glissée à l'intérieur. J'en étais pour mes frais !

Mais en regardant la maison de plus près, je me suis aperçu qu'un rai de lumière dessinait le pourtour d'une fenêtre, en contrebas de la rue. J'ai descendu deux ou trois marches, je me suis approché : il y avait de la lumière dans la cuisine, mais on avait tiré un rideau qui la masquait presque complètement. J'ai tout de suite repéré un angle où la lueur était plus forte et, en collant mon nez à la vitre, j'ai réussi à voir presque toute la pièce. Mon cœur battait plus fort que l'horloge de Big Ben.

Il y avait quatre personnes autour d'une vieille table de cuisine sur laquelle des bougies brûlaient dans des assiettes : trois hommes et une femme. La femme, bien sûr, c'était Marjorie. Elle me faisait face et à côté d'elle était assis l'homme que maman avait vu dans Hay's Mews : il portait une cravate rouge et avait un visage de pièce de monnaie avec une chevelure épaisse et un peu frisée.

Les deux autres me tournaient le dos. L'un était chauve et il avait l'oreille droite à moitié entamée, comme si une souris avait commencé à la manger. À en juger par la hauteur de ses épaules, ce devait être un géant. Son voisin, lui, avait l'air plutôt grassouillet, et il agitait tout le temps ses petites mains dodues en parlant. Je l'ai tout de suite baptisé Porcinet. Le géant serait Jacky, parce que j'étais sûr que Jack l'Éventreur avait dû lui ressembler, et le voisin de Marjorie serait Gueule de Bronze. Bien qu'il ait l'air très jeune, ce devait être une sorte de chef car lorsqu'il parlait tout le monde se taisait et agitait la tête avec conviction.

À un moment il s'est tourné vers Marjorie. Alors elle a ouvert sa petite mallette, qui contenait un paquet enveloppé dans du papier journal. Gueule de Bronze s'en est emparé, l'a déballé avec précaution et en a sorti des petits verres qui brillaient comme du cristal à la lueur des bougies. Il a eu l'air très content et il a embrassé Marjorie sur les deux joues ! Ainsi maman s'était trompée : Marjorie n'était pas seulement une menteuse. C'était aussi une voleuse et elle allait sûrement s'arranger pour faire accuser maman d'avoir volé les verres ! Il n'aurait pas fallu me pousser beaucoup pour que je me précipite dans la maison. Avec quel plaisir je l'aurais prise sur le fait !

Mais ce n'était pas le moment de tout gâcher car les choses devenaient aussi intéressantes qu'incompréhensibles. Gueule de Bronze a pris un morceau de craie et s'est levé pour aller se poster devant le placard qui, par chance, me faisait face. Il a commencé par dessiner sur la porte une sorte de plan. Puis il a parlé, parlé en traçant des flèches sur le plan. Ensuite il a mis une croix et il a écrit une date et une heure. Voilà à peu près ce que cela donnait :

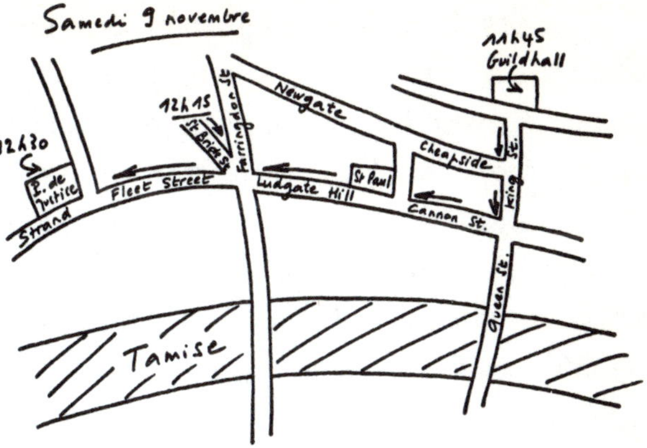

Puis il s'est rassis et la discussion a repris. Ça n'en finissait plus et comme entre-temps il s'était mis à pleuvoir je n'ai pas tardé à être trempé. Enfin ils se sont tous levés, ont éteint les bougies, et j'ai dû me mettre à quatre pattes pour qu'ils ne me voient pas en sortant.

Marjorie est passée la première, suivie à quelques pas par Gueule de Bronze. Puis Jacky et Porcinet sont apparus sur le pas de la porte et se sont arrêtés un instant pour allumer des cigarettes.

L'un des deux s'est mis à parler avec une toute petite voix ridicule. Il a dit : « Je commence à avoir les jetons. Faut plus qu'on nous voie ensemble. C'est trop risqué. » L'autre s'est moqué de lui et a dit qu'ils seraient bien obligés de se revoir pour se passer la marchandise. Alors la voix ridicule a répondu : « Pas la peine. Rendez-vous sur la ligne chocolat : jeudi à dix-huit heures je serai à Piccadilly. À Aldwych tu monteras et je descendrai en laissant le paquet. Pas besoin de se parler. »

Puis ils sont partis chacun de son côté. J'ai attendu qu'ils aient complètement disparu dans la nuit pour me relever. Mes chaussures ressemblaient à des bateaux en train de couler, je mourais de faim et il fallait que je retourne à pied jusqu'à Charles Street en espérant que personne n'avait volé le vélo. Quelle idée j'avais eu de vouloir être détective ! Mais cette fois c'était pour maman que j'enquêtais. Je lui devais bien ça !

souris poche

Dans la même collection

1 L'horloger de l'aube
Yves Heurté
(Souris conte)

2 Taourama et le lagon bleu
Janine Teisson
(Souris sentiments)

3 Bastien, gamin de Paris
Bertrand Solet
(Souris histoire)

4 Bienvenue à Men-Ruz City
Karin Huet
(Souris aventure)

5 La guerre d'Éliane
Philippe Barbeau
(Souris histoire)

6 Fugue en duo
Anne-Marie Desplat-Duc
(Souris sentiments)

7 Ski me plaît
Daniel Meynard
(Souris aventure)

8 Mamie L'or rose
Claire Nadaud
(Souris sentiments)

9 Tikendi
Geneviève Ceccaldi
(Souris sentiments)

10 Mamadou a disparu
Christian Neels
(Souris sentiments)

11 La photo de classe
Véronique Corgibet
(Souris sentiments)

12 Au Gringo's bar
Gudule
(Souris aventure)

13 Les dauphins de l'apocalypse
François Jean
(Souris aventure)

14 Momo, petit prince des Bleuets
Yaël Hassan
(Souris sentiments)

15 Histoires sorcières de Claude Seignolle
Marie-Charlotte Delmas
(Souris contes fantastiques)

16 Le cadeau oublié
Claude Clément
(Souris sentiments)

17 Le fado de José
Chantal Crétois
(Souris sentiments)

18 Dis non !
Bernadette Costa-Prades
Illustrations Manu Boisteau
(Souris document)

19 La ferme du diable
Marie-Charlotte Delmas
(Souris contes fantastiques)

20 La frontière de sable
Claude Clément
(Souris sentiments)

21 Une plume dans le whisky
Antonin Louchard
(Souris humour)

22 La cavale de Tony Racaille
François Bayot
(Souris sentiments)

23 Une école sur une poudrière
Marie-Claire Dorey
(Souris verte)

24 Pas touche à mon spot
Christian Neels
(Souris verte)

25 L'enfant dauphin
François Jean
(Souris aventure)

souris Noire

Dans la même collection

1 Pinguino
Franck Pavloff

2 Lambada pour l'enfer
Hector Hugo

3 Le Squat résiste
Franck Pavloff

4 Ippon
Jean-Hugues Oppel

5 Cauchemar-rail
Stéphanie Benson

6 Mon frère est un drôle de type
Olivier Mau

7 La Calanque des ermites
François Joly

8 Un privé chez les nababs
Gérard Moncomble

9 Embrouille à minuit
Malika Ferdjoukh

10 Nuit rouge
Jean-Hugues Oppel

11 Aladdin et le crime de la bibliothèque
Marie et Joseph

12 Wiggins et le perroquet muet
Béatrice Nicodème

13 Wiggins et la ligne chocolat
Béatrice Nicodème

14 L'Assassin de papa
Malika Ferdjoukh

15 Frères de sang
Olivier Thiébaut

16 Le Disparu de Cabrérac
Alix Clémence

17 Le Père Noël s'appelle Basile
Pierre Pelot

18 La Planque
Frédéric Fajardie

19 L'Inconnue dans la maison
Stéphanie Benson

20 Tonton tué
Serge Quadruppani

21 Marathon sur l'estuaire
Hubert Ben Kemoun

22 La Vengeance de la petite gitane
René Frégni

23 Pépé Grognon
Jean-Loup Craipeau

24 Un pavé dans la mare
Robert Deleuse

25 Une incroyable histoire
William Irish

26 Trois Soleils mauves
Marc Menonville

27 L'Aventure du pied du diable
Arthur Conan Doyle

28 Dans le grand bain
Jean-Hugues Oppel

29 Au bord de l'abîme
Charlotte Armstrong

30 Aladdin et la gare de Norvège
Marie et Joseph

31 Ninon et l'homme en noir
Alix Clémence

32 Tonton Émile
Olivier Mau

33 Le Problème de la cellule 13
Jacques Futrelle

34 Rock machine
Marc Villard

35 Le clone noir
Jocelyne Sauvard

36 Aladdin et la course au caillou
Marie et Joseph

37 Mongo et les sorciers
George Chesbro

38 Fonds perdus
Marc Menonville

39 Cimetière aux étoiles
Pierre Pelot

40 La peur au ventre
Hervé Mestron

Achevé d'imprimer en novembre 1999 sur Cameron
par **Bussière Camedan Imprimeries**
à Saint-Amand-Montrond
Conception graphique couverture : Didier Thimonier
Dessin de la Souris noire : Lewis Trondheim
Typo dessinée par Anne Ladevie
Dépôt légal du 1er tirage : novembre 1997
Loi n° 49.956 du 16 juillet 1949
sur les publications destinées à la jeunesse
N° d'impression : 995256/1

[redacted]